gallina

Henne

gallo

Hahn

pollito

Küken

patito

Entenküken

pavo

Truthahn

burro

Esel

cisne

Schwan

rana

Frosch

mapache

Waschbär

oso

Bär

ardilla

Eichhörnchen

mosca

Fliege

mariquita

Marienkäfer

gusano

Wurm

caracol

Schnecke

babosa

Nacktschnecke

abeja

Biene

araña

Spinne

escarabajo

Käfer

libélula

Libelle

león

Löwe

cebra

Zebra

jirafa

Giraffe

rinoceronte

Nashorn

serpiente

Schlange

mosquito

Mücke

tortuga marina

meeresschildkröte

hipopótamo

Nilpferd

caimán

alligator

cocodrilo

Krokodil

tiburón

Hai

morsa

Walross

pingüino

Pinguin

oso polar

Eisbär

foca

Robbe

estrella de mar

Seestern

medusa

Qualle

conchas marinas

Muscheln

pluma

Feder

11

once

elf

12

doce

zwölf

13

trece

dreizehn

14

catorce

Vierzehn

15

quince

fünfzehn

16

dieciséis

sechzehn

17

diecisiete

siebzehn

18

dieciocho

achtzehn

19

diecinueve

neunzehn

20

veinte

zwanzig

corazón

Herz

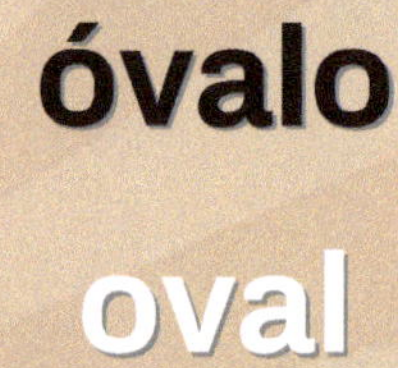

óvalo

oval

flecha

Pfeil

creciente

Halbmond

curva

Kurve

espiral

Spirale

cruz

Kreuz

zigzag

Zickzack

arcoíris

Regenbogen

colores oscuros

dunkle Farben

colores claros

helle Farben

puntos

Punkte

línea

Linie

bajo

klein

alto

groß

un poco

ein wenig

mucho

viel

 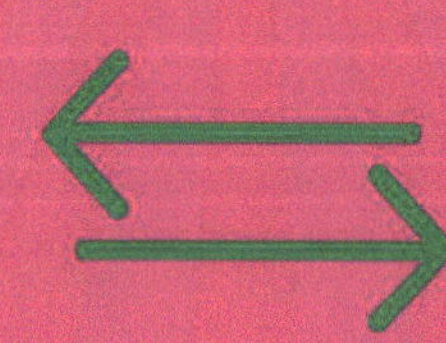  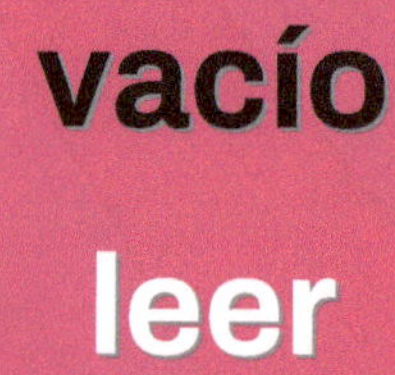

lleno

voll

vacío

leer

cabello rizado

lockiges Haar

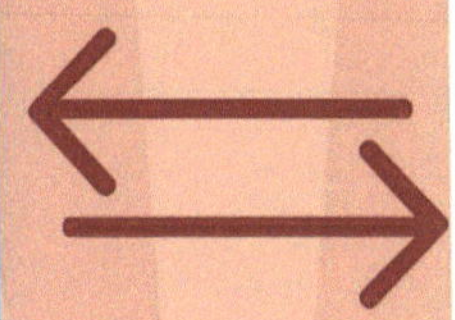

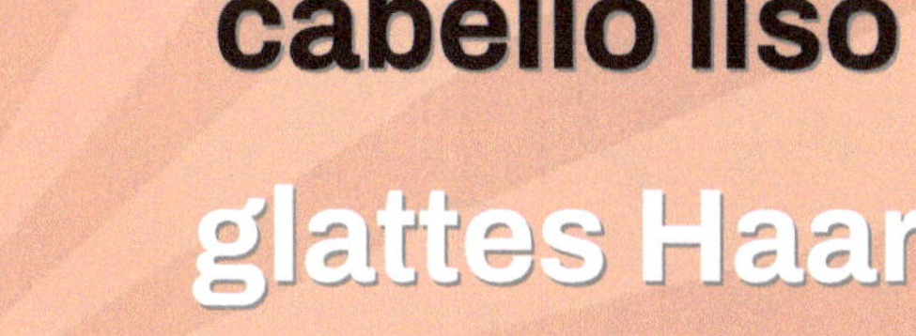

cabello liso

glattes Haar

aceptar

akzeptieren

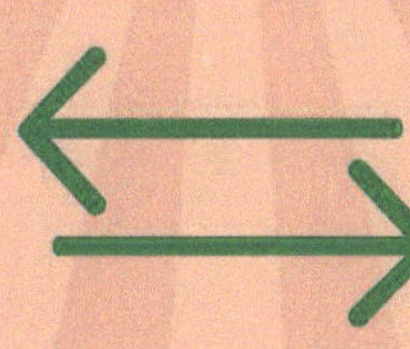

rechazar

verweigern

idéntico

identisch

diferente

unterschiedlich

seco

trocken

mojado

nass

juguetes

Spielzeuge

bloques

Blöcke

pelota

Ball

robots

Roboter

lengua

Zunge

nariz

Nase

cabello

Haare

bigote

Schnurrbart

dedos

Finger

brazo

Arm

rodilla

Knie

codo

Ellbogen

sonreír

lächeln

beso

küssen

llorar

weinen

dolor

Schmerz

cuerpo

Körper

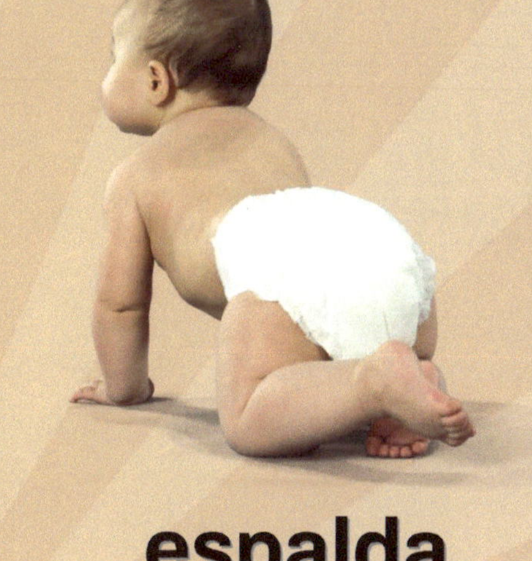

espalda

Rücken

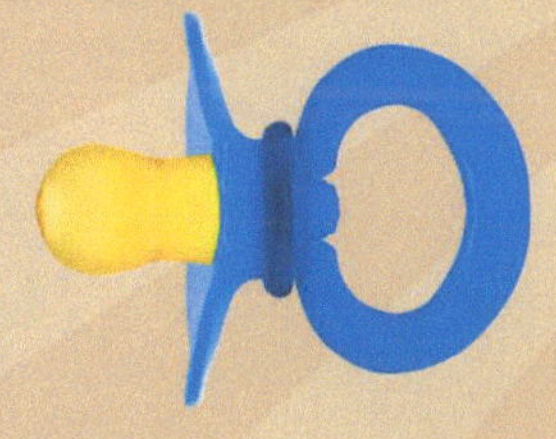

chupete

Schnuller

trona

Hochstuhl

jabón

Seife

cepillo de dientes

Zahnbürste

toalla

Handtuch

orinal

Töpfchen

anillo

Ring

pulsera

Armband

collar

Halskette

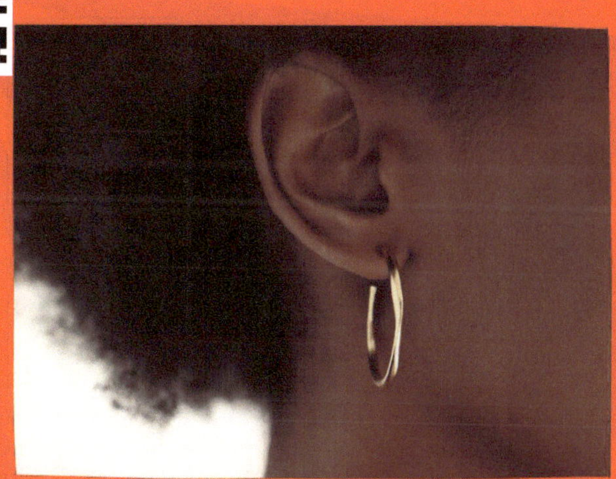

pendiente

Ohrring

chocolate

Schokolade

palomitas

Popcorn

mermelada

Marmelade

tostada

Toast

miel

Honig

mantequilla

Butter

pan

Brot

helado

Eis

sémola

Grieß

arroz

Reis

pasta

Pasta

sopa

Suppe

leche

Milch

agua

Wasser

zumo

Saft

kiwi

Kiwi

frambuesa

Himbeere

pomelo

Grapefruit

melón

Melone

ciruela

Pflaume

albaricoque

Aprikose

granada

Granatapfel

higo

Feige

arándano

Heidelbeere

arándano

Preiselbeere

caqui

Kaki

lichi

Litschi

frutas

Früchte

verduras

Gemüse

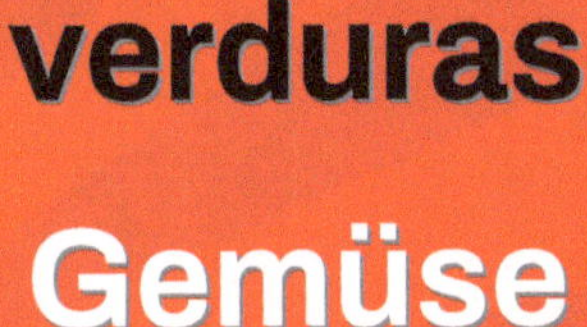

aguacate

Avocado

judía verde

grüne Bohne

brócoli

Brokkoli

berenjena

Aubergine

guisantes

Erbsen

pimiento

Paprika

remolacha

Rote Beete

lechuga

Salat

endivia

Endivie

alcachofa

Artischocke

puerro

Lauch

cebolla

Zwiebel

ajo

Knoblauch

jengibre

Ingwer

nueces

Walnüsse

almendra

Mandel

pistacho

Pistazie

anacardo

Cashew

9 791041 708635